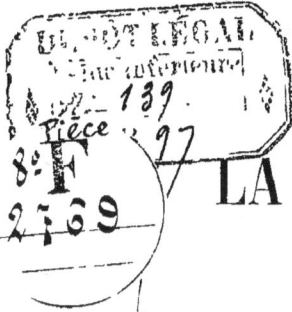

# LA PERPÉTUITÉ

## DU

# DROIT D'ATTACHE

## AU PORT DE ROUEN

Indication des causes non invoquées

dans les litiges antérieurs, qui rendaient le Droit d'attache

## ESSENTIELLEMENT PERPÉTUEL

PAR

## A. ROBERT,

Contribuable rouennais.

ROUEN. IMPRIMERIE PAUL LEPRÊTRE

75, Rue de la Vicomté, 75

MARS 1897

# LA PERPÉTUITÉ

## DU

# DROIT D'ATTACHE

## AU PORT DE ROUEN

Indication des causes non invoquées

dans les litiges antérieurs, qui rendaient le Droit d'attache

## ESSENTIELLEMENT PERPÉTUEL

PAR

## A. ROBERT,

Contribuable rouennais,

ROUEN, IMPRIMERIE PAUL LEPRÊTRE

75, Rue de la Vicomté, 75.

MARS 1897

# AVANT-PROPOS

La question du Droit d'attache a donné lieu à cinq jugements de Tribunaux civils, deux arrêts de Cours d'appel, un arrêté du Conseil d'État, quatre arrêts de Cassation...

Et cependant cette question n'est pas éclaircie.

Pourquoi, peuvent toujours se demander les jurisconsultes, pourquoi s'est-il produit une divergence profonde entre la Cour de Cassation et le Conseil d'État, au sujet du caractère de l'Ordonnance de 1815, et spécialement de la perpétuité de la concession ?

Pourquoi, se demandent les contribuables Rouennais, à un Droit d'attache **essentiellement perpétuel**, a-t-on substitué un droit de péage **essentiellement temporaire**, tout à l'heure grevé des intérêts et de l'amortissement d'un **emprunt de 1,500,000 francs ?**

Quelques citoyens, dévoués aux intérêts de leur cité, ont voulu prévenir ce désastre. L'un d'eux s'est mis en avant, mais on a tout fait pour paralyser les efforts de ce sauveteur volontaire.

L'impartialité du Conseil d'Etat, qui plane au-dessus des petites querelles de clocher, proclamera que les **faits** révélés ci-après, ne **sont point des rêves** étrangers à la question.

Tôt ou tard, l'auteur aura raison. Dans vingt-neuf ans, à l'expiration du péage actuel, les motifs que d'aucuns trouvent insignifiants aujourd'hui, sembleront tout-puissants, pour obtenir une prorogation.

Quoi qu'il arrive, l'auteur aura rempli son devoir.

# LES SIX ARGUMENTS

QUI PROUVENT LE CARACTÈRE ESSENTIELLEMENT PERPÉTUEL

## DU DROIT D'ATTACHE

NOTA. — La ville de Rouen n'en a jamais invoqué qu'un seul, le troisième, c'est-à-dire l'exécution des nouveaux travaux.

### 3 causes, 1 caractère, 2 ratifications

Le 8 octobre 1815, le roi Louis XVIII prenant en considération :

1º Que la Ville de Rouen, était avant la Révolution, propriétaire de ses quais ;

2º Que la Ville de Rouen avait joui, depuis un temps immémorial, toujours avant la Révolution, de droits de pontage et autres sur tous les navires qui séjournaient ou passaient dans son port ;

3º Que la Ville de Rouen prenait l'engagement d'exécuter de nouveaux travaux pour l'embellissement de ses quais ;

A, par une ordonnance rendue le lendemain même de l'ouverture de la première session des Chambres, après les *Cent-Jours*, restitué à la Ville de Rouen, **à perpétuité** tous les droits utiles de ses quais. Cette ordonnance, comme beaucoup d'autres de la même période a le caractère, non d'un simple décret réglementaire, mais d'une loi. Elle a d'ailleurs été suivie d'une double ratification.

Six mois après cette ordonnance, la loi du 28 avril 1816

sur les contributions indirectes a confirmé et maintenu tous les droits établis par décrets ou règlements sur la navigation, les bateaux, etc.

A la même date, une autre loi dite de finances a supprimé définitivement les effets de la législation révolutionnaire qui avait attribué à l'État les biens des Communes. Cette loi faisait rentrer la Ville de Rouen dans la propriété effective de ses quais.

## (SECTION Iʳᵉ) PROPRIÉTÉ DES QUAIS

### La gloire des Ancêtres

Il aurait été bien extraordinaire que, vingt-deux ans après une confiscation néfaste, les autorités municipales de Rouen eussent absolument perdu le souvenir des droits et privilèges dont s'enorgueillissaient leurs pères. Nous verrons bientôt combien était resté vivace le souvenir de l'ancien *droit de pontage*. Il est certain que celui de la propriété des quais ne l'était pas moins : car il rappelait la formation autonome et indépendante des communes du moyen-âge, régime qui n'avait été nulle part plus splendide qu'en Normandie et en Picardie.

Parmi les nombreux documents que nous pourrions citer, il en est un qui nous paraît exprimer, plus fidèlement que tous autres, la fierté légitime de nos pères au sujet de cette possession :

« De tems immémorial, les quais de Rouen sont le « patrimoine de la Ville. Dès 1224 Louis VIII les a cédés « en l'état qu'ils étoient aux Maire et Échevins pour les « accroître et augmenter.... Dans tous les siècles et dans « tous les tems, les Maire et Echevins, ont rempli cette « condition et ils ont répondu au vœu des Monarques

« suivans qui les ont confirmés dans la propriété de ce
« Patrimoine....

« Ce sont les Maire et Échevins qui ont formé et, pour
« ainsi dire, donné l'être à ces quais, par un travail
« presque toujours continué depuis tant de siècles, ce
« sont eux qui les entretiennent de pavage et de taluts.

« Il n'est donc pas possible de ne pas convenir que ces
« quais qui ont été acquis par les Maire et Échevins,
« qui ont été formés par les Maire et Échevins, qui
« sont entretenus par les Maire et Échevins, ne soient
« très certainement le vrai et légitime Patrimoine de
« l'Hôtel de Ville (1) .... »

### Première Origine de la propriété

Il y a une légère inexactitude dans les termes de la
Requête que nous venons de transcrire. Au XVIII<sup>e</sup> siècle,
la critique historique n'avait pas la même sûreté qu'aujourd'hui. Ce n'est pas Louis VIII qui a cédé les premiers
quais à la Commune de Rouen : tout indique que cette
cession a été faite par les anciens ducs de Normandie,
rois d'Angleterre, les premiers Plantagenet.

En même temps qu'ils concédaient à la Commune de
Rouen le droit de s'administrer elle-même dans des
conditions de liberté presque complète, ils lui conféraient
la propriété de ses quais, et favorisaient l'expansion
d'associations des *marchands de l'eau*, avec de grands
privilèges pour le commerce maritime international.

(1) Extrait d'une Requête imprimée présentée au Parlement de
Rouen en 1766, à l'occasion de nouvelles querelles avec la Vicomté de
l'Eau (Archives de l'Hôtel de Ville de Rouen, tiroir 321, cote 5).

Les historiens de cette époque le constatent : Si les Rouennais ont difficilement supporté la conquête de Philippe-Auguste, c'est à cause des avantages de *Self-Government* conférés par les ducs Anglo-Normands.

Louis VIII a cherché à ramener à la domination française les cœurs que son père s'était aliénés. La *charte* de ce roi, qui est bien une *charte* et non pas une *ordonnance*, comme l'a dit un Rapporteur peu ferré sur la langue juridique du moyen-âge, cette charte confirma aux bourgeois de Rouen les concessions des Plantagenet. Elle fit plus, en accordant une permission qui ferait frémir aujourd'hui tout le corps des Ponts-et-Chaussées, celle de gagner sur le fleuve, c'est-à-dire de le combler partiellement près des rives, pour accroître la surface des quais, et augmenter la profondeur de l'eau dans son lit resserré, à la condition bien entendu de n'entraver la navigation ni d'amont, ni d'aval (1).

### État ancien des quais

Il ne faudrait du reste pas se figurer que ce qu'on appelait *quais de Rouen*, du temps de Louis VIII puisse avoir quelque analogie avec l'immense développement de levées en granit que nous constatons aujourd'hui.

Les quais n'existaient alors que sur la rive droite, à l'état rudimentaire, et sur une faible longueur. M. Adeline a consacré un remarquable ouvrage aux quais de Rouen : bien qu'il n'ait visé que le côté pittoresque et artistique, son livre rendra toujours d'immenses services à ceux qui

(1) Cette charte se trouve reproduite dans l'*Histoire communale de Rouen*, par Chéruel, tome I, p. 267.

se préoccuperont, à d'autres points de vue, de l'histoire du port.

C'est grâce à son livre que l'on comprend comment la manière d'attacher les navires, par l'arrière et non par tribord ou babord, économisait l'espace et permettait de concentrer tout le commerce maritime au centre de Rouen.

Si la place était mesurée, le temps était ménagé non moins parcimonieusement, pour embarquer et débarquer les marchandises, et faire place aux navires nouvellement arrivés. Le lendemain du jour où expirait le délai, un officier municipal désigné sous le nom de *superviseur* (ou surveillant), faisait sa tournée avec une hache et coupait les amarres des navires qui n'avaient pas terminé leurs opérations.

## Ventes par les rois

Le commerce maritime croissant, il fallut bien songer à augmenter les quais, pour employer moins fréquemment la hache du superviseur, et pour faciliter le dépôt des marchandises et l'accès des voitures de transport.

Pour acquérir les terrains nécessaires à l'agrandissement, la Commune ou Ville de Rouen s'adressa tantôt aux rois, tantôt aux particuliers. Commençons par les rois : *A tout seigneur, tout honneur.*

Le domaine des ducs de Normandie, devenu domaine royal, infiniment plus étendu alors qu'aujourd'hui, diminuait sans cesse par des concessions ou donations, mais s'accroissait aussi par des acquisitions pour travaux de défense, des confiscations pour forfaiture et mort à l'étranger, des réunions par retrait féodal. C'est ce qui explique comment les rois de France, après avoir reconnu, à la Ville de Rouen, la propriété de ses quais primitifs, eurent l'occasion de lui céder d'autres terrains près du fleuve, dans la banlieue ou dans l'enceinte même de Rouen.

Notons seulement les deux acquisitions suivantes entre la date desquelles il y a juste un intervalle de cinq siècles.

En 1283, le bailli de Rouen, au nom du roi Philippe-le-Hardi, céda à la Commune de Rouen, entre autres biens, deux quais, l'un sur le port des *Bateaux de Saint-Ouen*, l'autre dit des *Meules* (1). Le capital de la rente perpétuelle qui fut convenue pour cette acquisition fut remboursé par la Ville. Mais sous prétexte que le domaine royal était inaliénable, on trouva le moyen de faire payer un ou plusieurs suppléments. C'est un peu comme nos conversions de rentes 5 %.

En 1783, à la veille de la Révolution, Louis XVI ayant réuni à son domaine toutes les loges à cidre qui se trouvaient alors sur les quais, entre la Porte Guillaume Lion et la Porte dorée (2), les céda à la Ville de Rouen, toujours pour l'agrandissement de ses quais, moyennant diverses charges et conditions énoncées dans le contrat qui a été imprimé et qui se trouve, à un nombre considérable d'exemplaires, aux archives départementales de la Seine-Inférieure (3).

Les ventes par les rois prouvent surabondamment que ce n'était pas pour le compte du domaine royal, que la Ville de Rouen incorporait de nouveaux terrains à ses quais.

(1) Voir *Histoire communale de Rouen*, par Chéruel, tome I, p. 285.

(2) L'emplacement de la Porte dorée est rappelé par la rue de la Porte dorée entre le quai de Paris et la Basse vieille Tour. Les loges à cidre sont figurées très exactement dans le plan de Cessard reproduit par M. Adeline dans les *Quais de Rouen*.

(3) Inventaire série C, n° 872.

## Ventes par les particuliers

Les ventes par les particuliers à la Ville, prouvent aussi que c'était bien le domaine communal qu'on voulait augmenter. Si le domaine royal pouvait dans certains cas révoquer les aliénations, de quel droit aurait-il tenté de s'emparer de terrains achetés par la commune et payés des deniers communaux? Une fois, un favori surprit la signature du Roi, en se faisant concéder, comme biens domaniaux, des terrains acquis par la Ville, pour ses places et quais, à l'extrémité du pont. Mais sur les représentations de sa bonne Ville, le Roi s'empressa de révoquer cette concession.

Il y eut évidemment de nombreuses acquisitions faites par la Ville de partie des rives de la Seine, depuis le quai particulier de Renaud Marescot, acheté au xiii$^e$ siècle, jusqu'aux terrains du prieuré de l'abbaye de Montivilliers, près de Saint-Paul, réunis aux quais de la Ville au xviii$^e$ siècle (1). Et cela se comprend facilement, quand on constate l'état actuel des lieux à Rouen. Non seulement le long des îles, mais sur la rive droite, depuis Saint-Paul jusqu'à Eauplet, des propriétés particulières, parfaitement closes, s'étendent jusqu'aux bords du fleuve. Supposez que nous soyons encore au xviii$^e$ siècle, que l'Etat se désintéresse de la possession des quais, et que la Ville achète une ou plusieurs de ces propriétés, pour l'ouvrir au commerce maritime, à qui appartiendrait le sol ou le terrain de ces nouveaux quais?

(1) La requête déjà citée page 4, indique très sommairement ces acquisitions et constate l'importance des charges de rentes qui en résultaient pour la Ville.

## Autres Preuves de la propriété

La réponse à cette question ne peut plus faire un doute sérieux pour ceux qui se sont donné la peine de consulter les écrivains savants et sérieux qui se sont occupés d'élucider l'histoire de notre port. Pour Chéruel (1), pour de Fréville (2), pour M. de Beaurepaire (3), il ne peut y avoir là de question. En 1789, la Ville était propriétaire de ses quais.

Plus spécialement, M. de Beaurepaire relate les difficultés qui s'élevèrent au xviiie siècle, entre le Vicomte de l'Eau, d'une part, et d'autre part, l'Hôtel-de-Ville et le siège de l'Amirauté (car ce n'est pas depuis 1884, ni depuis 1853, comme on l'a dit si naïvement, que le port de Rouen est considéré, au moins sous certains aspects, comme port maritime).

L'étude de ces difficultés fut faite, avec un soin infini, par M. Trudaine, un des plus illustres intendants du Domaine royal : « Il rédigea, dit M. de Beaurepaire (4), le « projet de déclaration qui fut soumis au Roi et adopté le « 20 mai 1738. Cette déclaration, entre autres dispositions « portait que l'**Hôtel commun de la Ville de Rouen** « **serait maintenu et gardé en la pleine propriété et** « **possession des quais,** et le Maire et les Échevins dans

(1) *Histoire communale de Rouen.*

(2) Mémoire sur le commerce maritime de Rouen, qui a obtenu à l'Académie de Rouen, le prix Gossier, prix dont l'auteur (bien inférieur en mérite) a été aussi le titulaire, pour un travail juridique et historique qui n'était pas sans difficultés.

(3) *La Vicomté de l'Eau,* ouvrage précieux de l'Archiviste du Département, Correspondant de l'Institut, dont il est superflu de faire l'éloge.

(4) *La Vicomté de l'Eau,* p. 101.

« l'administration et direction économique de ce domaine ;
« qu'en conséquence, ils seraient seuls compétents, pour
« connaître de tout ce qui pourrait concerner l'occupation
« des dits quais, qu'ils en auraient la police et distribue-
« raient les places, à leur gré : on réserva au Vicomte de
« l'Eau, la partie de la police des quais, qui avait rapport
« à la navigation et se distinguait nettement de celle qui
« tenait à l'administration civile et intérieure de la Cité ».

Pour obtenir cette décision, l'Hôtel-de-Ville avait dû
fournir un très grand nombre de pièces et titres, et l'auteur
a été assez heureux pour retrouver dans les Archives de
la Mairie de Rouen, le très gros cahier contenant le simple
inventaire des documents communiqués à l'Intendant à
cette occasion (1).

## Mais la propriété des quais
## n'a-t-elle pas été perdue en 1790 ?

Quand on a révélé aux administrateurs actuels de la
Ville de Rouen, que leurs prédécesseurs avaient plaidé,
douze années durant, la question du droit d'attache, sans
soupçonner que la Ville pouvait être propriétaire de ses
quais, leur première sensation a été l'étonnement ; leur
seconde, le scepticisme ; leur troisième, la négation : « Si
« c'était vrai, nous, municipalité, nous l'aurions trouvé
« tout seuls. Donc, ce n'est pas vrai ».

La Ville, tenant absolument à n'être pas propriétaire de
quais, dont elle avait d'ailleurs tous les droits utiles, a dû
chercher une raison. On lui a trouvé la suivante :

« Aux termes de l'article 2 de la loi du 22 novembre
« 1790, et de l'article 538 du code civil, les fleuves et ports

(1) Archives de l'Hôtel-de-Ville de Rouen. tiroir 363, cote 8.

« fluviaux font partie du domaine public, **ainsi que leurs**
« **quais** (ces quatre derniers mots ne sont écrits dans
« aucun des deux articles); c'est donc, en principe, l'État
« qui doit profiter de leurs revenus et produits (1) ».

Comme objection, ce n'est vraiment pas bien méchant.

Que *les fleuves et ports* fassent partie du domaine
public, c'est ce dont personne n'a jamais douté, dans
aucun temps, ni dans aucun lieu. Il est inutile de prouver,
à grand renfort de textes législatifs, que cette vérité est
aussi vieille que le monde : ce qui n'a pas empêché, dans
les temps de la féodalité, les rois de France, de concéder
sur les fleuves en général, et spécialement sur notre Seine,
des droits qu'il a bien fallu respecter, même de nos
jours (2).

Mais si la domanialité du fleuve n'a jamais pour
conséquence de faire perdre au riverain la propriété de la
rive, la domanialité du port n'a pas toujours pour
conséquence, de ranger le quai dans les dépendances du
domaine public et surtout d'en attribuer la propriété à
l'État.

Nous pouvons voir, dans les environs de Rouen, à
Caumont, par exemple, de petits quais artificiels, disposés
pour l'embarquement des pierres de carrière ; jamais on a
songé à contester aux riverains la propriété de ces quais.

Ceux de la Ville de Rouen sont sans doute encore,
comme ils l'ont toujours été, affectés à l'usage du public ;
il n'y a pas, sous ce rapport, de différence entre le quai de
la Bourse et la rue Grand-Pont. La question est de savoir

(1) Rapport à la séance du Conseil municipal de Rouen, du 11
décembre 1896, Bulletin municipal, pages 499-500.

(2) *Vicomté de l'Eau* ; chapitre IV.— M. Aucoc, des *délimitations*.—
M. Texereau, n° 101.

si la loi de 1790 ou toute autre, a transféré la propriété du sol de ce quai ou de cette rue, et l'a fait passer de la Ville à l'État. Le texte de la loi de 1790 ne le dit pas, ne dit rien, absolument rien, dans le sens de l'affirmative, et le Rapport qui éclaire le sens de cette loi, dit tout le contraire.

## Comprenez mieux le législateur de 1790 !

Les meilleurs défenseurs de tout ce qu'il y a de bon, de juste et de grand dans la Révolution de 1789, seront bientôt ceux qu'on accuse à tort de ne pas accepter franchement la constitution qui régit la France.

Vous savez qu'au siècle dernier, un Intendant de province ne recourait pas aux formalités d'expropriation, pour ouvrir une route. S'agissait-il de frayer vite un passage au carrosse de la Reine, quand elle allait à une station d'eaux, s'agissait-il de desservir plus commodément le château d'un seigneur influent; si la ferme d'un paysan se trouvait sur le nouveau tracé, on abattait d'urgence la maison du bonhomme. La caisse publique étant toujours vide (et sous ce rapport, plus on révolutionne, moins on change), le bonhomme obtenait son indemnité, après des mois et des années, il l'obtenait... s'il ne mourait pas auparavant.

La Révolution a supprimé cet odieux abus : à partir de 1790, nul n'a pu être dépouillé de sa propriété, sans une juste et *préalable* indemnité.

C'est au moment où l'on venait de proclamer solennellement ce principe, que la Ville de Rouen aurait été dépouillée du sol de ses quais, non pas par le texte, mais par le silence de la loi ! ! !

Et ce sont des hommes qui se disent les seuls vrais républicains, les seuls héritiers des principes de 1789, qui dénigrent ainsi l'œuvre de leurs pères ! ! !

Qu'ils prennent donc le temps, qu'ils se donnent la peine de la contempler, cette œuvre ! Qu'ils lisent le remarquable rapport qui a précédé la nouvelle loi domaniale (1) !

A moins d'être aveugles, ils verront la logique et la justice qui a présidé à ce travail.

Beaucoup plus large et libéral que l'ancienne Régie des Domaines, le Rapporteur pose trois principes certains et absolus :

La domanialité du fleuve n'influe en rien sur la domanialité de la rive ;

Tout ce qui a été concédé du domaine de la nation, avant la première proclamation par les États généraux (2) du principe d'inaliénabilité, ne pourra être révoqué ;

Enfin, les biens communaux et spécialement les anciens remparts des villes, doivent être mis à l'abri de « la « **rapacité ministérielle et de la cupidité financière** ». Ce sont les propres termes du Rapporteur.

. . . . . . . . . . . . . . .

*Et voilà pourquoi* la Ville de Rouen a perdu ses quais !

~~~~~~~~~~

## Un mot sur le législateur de 1793

Autant le législateur de 1790 avait eu de qualités, autant celui de 1793 eut de défauts.

---

(1) Rapport d'Enjubault de la Roche, député du *Tiers-État*, de la Sénéchaussée du Maine, aux *Archives parlementaires* imprimées, 1re série, tome 20, page 316.

(2) Etats généraux de 1560, qui ont précédé la célèbre ordonnance de Moulins de 1566.

N'insistons pas sur cette triste période de notre histoire.

Le législateur de 1793, méconnut le respect de la propriété, en confisquant les biens de ceux qui fuyaient la Terreur ; il le méconnut avec plus d'hypocrisie, en s'emparant des biens des communes, sous prétexte de payer leurs dettes... avec des assignats.

De cette dernière atteinte à l'autonomie communale, il résulta des crises financières pour les communes dont les biens furent vendus. Mais ceci ne rentre nullement dans le cadre de notre sujet.

Il est certain que les quais de Rouen ne furent vendus à personne.

Il est certain, d'un autre côté, que tous les biens communaux, non vendus par l'État, furent restitués aux communes, par l'effet de diverses lois que nous rappellerons sommairement sous la section VIe ci-après.

Donc, le législateur de 1793 n'a pu priver définitivement la Ville de Rouen de la propriété de ses anciens quais.

~~~~~~

## (SECTION II) DROIT DE PONTAGE

### Son origine et son assiette

Dans un système rationnel d'administration publique, celui pour le profit ou la commodité duquel a été engagée une dépense, doit participer plus particulièrement à l'impôt qui doit couvrir cette dépense.

La Ville de Rouen s'est de tout temps imposé de très lourds sacrifices pour son pont et pour ses quais. Il était de toute justice que le commerce maritime supportât, dans une mesure équitable, les taxes strictement nécessaires pour équilibrer le budget communal, et parfaire l'intérêt et l'amortissement des charges qu'il avait occasionnées.

Aussi dès l'établissement du plus vieux pont quel qu'il soit, dès la première concession des plus anciens quais, les Ducs de Normandie accordèrent à la Ville de Rouen plusieurs droits ou impôts sur la navigation.

M. de Beaurepaire en a fait l'historique dans la *Vicomté de l'Eau.*

Empruntons à son remarquable travail quelques courtes explications sur la principale de ces taxes, impôt communal, qui n'avait aucun rapport avec les octrois.

Elle se percevait de tous les navires qui passaient ou séjournaient dans Rouen, soit qu'il fallût ouvrir pour eux le pont de bateaux, quand ils montaient ou quand ils descendaient, soit qu'ils chargeassent ou déchargeassent en aval ou en amont du pont et sans le franchir.

Elle grevait la marchandise et non pas le navire. On prétend aujourd'hui qu'il est difficile ou vexatoire de taxer *ad valorem;* mais pendant cinq siècles la plupart des marchandises apportées par eau dans Rouen, ont supporté un denier par livre de leur vraie valeur. Des marchandises d'estimation plus facile étaient taxées à la mesure, au poids, au nombre : ainsi le tonneau de vin payait douze deniers, le tonneau de cidre six deniers, etc.

Au droit de pontage proprement dit, s'ajoutaient diverses autres taxes toujours perçues, au profit de la Ville, sur la navigation, par la Vicomté de l'Eau, la ferme du *lest de harenc,* celle des *toiles,* celle du *Pastel, voide et garence,* celles des *menus courtages,* celle de la *poize de sel.*

## Suspensions, modifications, suppression
## mais avec réserve formelle

Une des premières circonstances à l'occasion de laquelle l'histoire du droit fasse mention de la taxe de pontage ou de la *coutume du pont,* comme on disait alors, ce fut sa suspension et son rétablissement par Philippe-le-Bel.

Un impôt de la *maltôte,* très lourd pour le peuple, avait soulevé une émeute à Rouen en 1293. Le roi Philippe-le-Bel imputa aux chefs de l'administration communale la faute de n'avoir pas prévenu la sédition. Il substitua des officiers royaux de son choix aux administrateurs librement élus, et séquestra ou *mit dans sa main,* comme on disait alors, la perception des taxes communales et notamment la coutume du Pont. Bientôt après il la restitua à la Commune, et son ordonnance de restitution a été conservée et reproduite (1).

Le droit de pontage paraît avoir encore été suspendu momentanément dans d'autres circonstances ; le tarif en a été certainement modifié plusieurs fois. En 1789, les taxes diverses perçues par la Ville sur la navigation du fleuve étaient affermées à Porée : le tout rapportait 41.670 livres (2) et quelques sols et deniers, sur un budget total de 457.047 livres. C'était en somme un dixième

---

(1) *Recueil des Ordonnances des rois de la troisième race,* par de Laurière et autres. t. XI, p. 420. Ce savant recueil, trop peu consulté pour l'étude de la législation au moyen-âge, est absolument distinct du *Recueil des anciennes Lois françaises* de Jourdan, Decrusy et Isambert.

(2) État des forces et charges de la Ville, aux archives communales et aussi à la Bibliothèque publique de Rouen, U, 1281 (*c*) et 1287 (*a*).

des recettes. On ne comptait pas alors par millions et millions (1).

Ces divers droits étaient-ils entachés d'un vice de féodalité ? C'est très douteux. Il n'y avait là-dedans rien qui rappelât, de près ou de loin, la contrainte exercée par le vainqueur sur le vaincu, par le fort sur le faible, par le seigneur sur le vassal. Une ville avait aménagé son pont et ses quais ; elle tirait un profit plus ou moins considérable de sa propriété et de ses travaux. Quoi de plus naturel, de plus légitime ?

Mais comme la majorité des droits de péage n'avait pas une origine aussi parfaite, l'Assemblée nationale les supprima tous (2), sans exception : toutefois elle fit immédiatement une réserve formelle, au profit des villes et des propriétaires qui justifiaient de droits aussi fondés que ceux de la Ville de Rouen (3).

### Reconnaissance et remplacement

En vertu de cette décision législative, la Ville de Rouen fut obligée de suspendre, mais provisoirement, la recette du droit de pontage, et elle se pourvut devant les autorités du Département, qui étaient désignées pour apprécier ses droits.

La légitimité du droit de pontage, fut reconnue par un

(1) Il faut tenir compte de la différence de la valeur de l'argent. 41.670 livres représentaient, en 1789, plus de 100.000 fr. d'aujourd'hui. C'était presqu'équivalent au droit d'attache : à quelque somme que cette taxe puisse monter, quelque temps qu'elle dure, elle ne rapportera jamais qu'un intérêt insignifiant du capital déboursé par la Ville, pour son port, avant et après 1789.

(2) Loi du 15-28 mars 1790, titre 2, article 13.

(3) Article 15 n° 3 et article 16 du même titre de la même loi.

arrêté du département du 22 juillet 1792. On l'afferma de nouveau, le 7 janvier 1893, mais pour en voir, hélas ! cesser de nouveau la perception, quelques mois après.

Nous l'avons déjà dit, 1793 mit entre les mains de l'État, non-seulement tous les biens immeubles des Communes, mais encore leurs biens mobiliers, créances et droits quelconques.

Que se passa-t-il au rétablissement de l'ordre ? Il est difficile à l'heure actuelle de préciser les détails assez obscurs des négociations qui s'engagèrent entre l'État et la Ville, au sujet de la restitution ou du remplacement de ce droit. Une rapport très sérieux de M. Rondeaux, présenté au Conseil municipal de Rouen, le 28 mars 1829 (1), permet de percevoir l'ensemble de cette diplomatie. La Ville, fort obérée déjà et à qui on demandait de nouveaux sacrifices, réclamait des compensations et invoquait toujours la question du droit de pontage. L'État lui répondait en substance : « On a fait pour vous tout ce « qu'on pouvait et devait faire. Il ne convient pas de « grever davantage la navigation ». On était en 1829, déjà loin de 1815.

Il n'est pas besoin d'être sorcier pour deviner ce qui s'était passé. Le droit d'attache avait été établi, en remplacement du droit de pontage. Le remplacement, autorisé par la loi de 1790, avait été d'abord concédé temporairement (2),

---

(1) Ce rapport a été imprimé et un exemplaire s'en trouve à la Bibliothèque de Rouen, U, 1281 (c). Voir aussi un article intéressant du *Journal de Rouen*. du 12 mai 1829.

(2) Et non pas vraisemblablement à *titre de tolérance précaire*. comme l'a dit le tribunal du Havre, le 27 juin 1896 (Bulletin municipal de 1896, page 884, 1re colonne). C'est cette expression qui a mis l'auteur sur la voie de la recherche des droits antérieurs à la Révolution.

par simple décision ministérielle ou préfectorale du Premier empire. Louis XVIII a régularisé les choses en rendant le droit d'attache aussi perpétuel que le droit de pontage, aussi perpétuel que la propriété des quais, fixe et éternel comme la Ville elle-même.

## (section iii) NOUVEAUX TRAVAUX

### Rien pour rien

Mais les chefs de l'État, guidés par leurs ministres, et ceux-ci guidés par leurs bureaux, ne font pas généralement de concessions aux municipalités, sans que les municipalités prennent aussi quelques engagements, vis-à-vis de l'État.

Quand l'un des trois maires de Rouen, de l'année 1815, demanda au pouvoir royal de consacrer, par une ordonnance, la confirmation et la perpétuité des taxes en question, on ne manqua pas de lui objecter, que l'état des quais de Rouen et des rues aboutissantes, était défectueux et même lamentable, sur certains points. Il y avait des travaux absolument urgents ; d'autres pouvaient attendre, mais étaient considérés dès lors comme nécessaires.

M. Adeline a récapitulé en ces termes, ceux qui étaient en 1816, les plus préssés et les plus utiles au commerce maritime, et qui furent exécutés de suite :

« 1816. — Démolition de la porte du Bac, construction
« de murs de quais. Mise à exécution des nouveaux plans
« d'alignement... Suppression des rues du Chien-Jaune,
« des Trois-Pucelles, de la Lanterne, des Ramassés,
« Tirhuit, etc., etc. Nivellement des quais et établissement
« de trottoirs. Ouverture de la place Royale (aujourd'hui

« place de la République), de la place des Arts, création
« de la Petite-Provence (aujourd'hui cours Boïeldieu),
« déplacement de la Bourse, etc. (1) ».

## Cause apparente et cause réelle

Cette nomenclature suffit bien, sans qu'il soit nécessaire
de donner le texte complet des sept articles de l'ordonnance
du 8 octobre 1815. Ces travaux constituent la cause
apparente de la concession perpétuelle, formulée dans la
première partie de l'article 7 :

« La Ville de Rouen jouira exclusivement et à **perpétuité**
« du **droit** d'étal, **d'attache**, de dépôt, de garde, et
« d'établissement de bureaux, pour le service du commerce
« sur les quais... ».

Mais tout le monde est d'accord pour reconnaître que
l'obligation exprimée relativement aux travaux, ne suffit
pas à elle seule, et qu'il manque quelque chose dans
l'expression des véritables causes de la perpétuité. On les
a cherchées ces véritables causes ; mais faute d'indication
de ceux qui devaient indiquer, on n'a pas trouvé. Et
cependant le silence de Louis XVIII, était peut-être plus
significatif encore, que n'eût été sa parole. Pourquoi
aurait-il visé un texte de la législation révolutionnaire ? Il
reprenait la suite des actes qui émanaient de ses prédécesseurs ou qui avaient été approuvés par eux : c'étaient
les seuls actes qu'il reconnût légitimes. Louis XV et
Louis XVI ont déjà consacré les droits séculaires de la
Ville. Louis XVIII n'ira pas à l'encontre.

(1) M. Adeline, *Quais de Rouen, les travaux d'amélioration,
autrefois et aujourd'hui.*

## (SECTION IV) CARACTÈRE de l'ORDONNANCE de 1815

### L'autorité législative d'alors

Napoléon I<sup>er</sup> avait établi beaucoup d'impôts et fixé des budgets entiers par simples décrets. Louis XVIII, lors de sa première rentrée en France, promit formellement par sa charte octroyée (1), de respecter le principe solennellement proclamé par les États généraux de 1789 (2), à savoir : qu'aucun impôt quelconque ne serait plus établi sans le consentement des représentants de la nation. Mais les graves circonstances, qui suivirent les *Cent-Jours* et Waterloo, l'obligèrent à suspendre, pendant quelques mois, l'exécution de sa promesse (3).

Or, l'ordonnance qui nous occupe a été rendue précisément dans cette période de suspension et avant les travaux du nouveau Parlement.

Par sa proclamation de Cambrai, le roi s'était réservé de faire certaines modifications à la Charte. Il devait convoquer les chambres dès que les circonstances le permettraient. Après plusieurs remises, la rentrée du Parlement eut lieu le 7 octobre 1815, c'est-à-dire la veille même de notre ordonnance. Ces retards de convocation, ceux que nécessitaient la vérification des pouvoirs et le vote de projets de lois d'intérêt général et urgent, obligèrent Louis XVIII à régler par ordonnances et sauf ratification explicite ou implicite, un certain nombre de points qui, en d'autres temps auraient exigé une loi.

(1) Charte du 4 juin 1814, préambule et art. 48.

(2) Délibération des États généraux du 17 juin 1789, qui proclame irréguliers et nuls, tous les impôts alors établis, mais en ratifie immédiatement et provisoirement la perception. *Archives parlementaires*, 1<sup>re</sup> série, tome VIII. p. 128, 1<sup>re</sup> col.

(3) Ordonnance du 13 juillet 1815.

Ainsi on trouve dans cette période une ordonnance du 29 juillet 1815, qui modifie la loi sur les contributions indirectes; une autre du 19 août 1815, qui établit une contribution de guerre de 100 millions; enfin une dernière du 11 octobre 1815, qui proroge la perception des octrois.

En rapprochant ces ordonnances de celle qu'a obtenue la Ville de Rouen, à une date **intermédiaire**, il est permis de soupçonner et même de soutenir que l'acte du 8 octobre 1815, n'est ni un contrat de travaux publics, ni un simple décret rendu en exécution d'une loi antérieure. Cet acte, c'est une véritable loi, ou quelque chose de très approchant.

### L'Inférieur ne peut infirmer son Supérieur

Après la double ratification que nous prouverons dans les deux sections suivantes, l'ordonnance de 1815, qui contenait un principe et non un tarif, reçut un complément indispensable, par une délibération du Conseil municipal de Rouen du 27 décembre 1817, et par un arrêté préfectoral du 10 avril 1818.

A celui qui ne connaît pas bien la législation de cette époque, il peut sembler étrange qu'on ait attendu deux ans, deux ans et demi, pour régulariser définitivement la perception. Il suffit de lire les travaux parlementaires et les lois de 1816 à 1818, pour se rendre compte du motif du retard. A partir de 1817, le Parlement ne voulut plus de recettes irrégulières ou demi-régulières (1). La Ville de Rouen dut alors perfectionner son titre de perception.

Le Conseil municipal de Rouen, dans sa délibération de 1817, proposa une réglementation de la quotité des divers

(1) Voir ci-après, pour les peines de concussion et de répétition.

droits et crut devoir viser la loi du 11 frimaire an VII (1).
Mais, pour faire dériver l'ordonnance de 1815 de cette loi,
comme la conséquence découle du principe, l'argument
ne semble pas tout puissant. Le Conseil municipal a pu
commettre une erreur d'appréciation, d'autant plus facilement que les questions de droit municipal étaient moins
étudiées alors, et que certaines taxes, telles que celles
d'étal et de dépôt, se rapprochaient davantage de celles que
la loi du 11 frimaire an VII avaient concédées à toutes les
Communes de France (2). Il a pu penser aussi, d'après le
principe que *deux sûretés valent mieux qu'une*, que la
concession, confirmée tout à la fois par un acte législatif
des Bourbons et par une loi républicaine, prendrait encore
plus de force. Mais ce n'est pas la mention inutile, peut-
être maladroite, qu'il a insérée, qui peut ajouter ou retirer
quoi que ce soit à l'œuvre du législateur. Les visas recopiés
machinalement en 1818, en 1837, en 1869, n'ont pas plus
d'autorité. Tout cela ne peut valoir ni correction, ni inter-
prétation de l'ordonnance du 8 octobre 1815, quand même
l'inférieur aurait le pouvoir de corriger son supérieur,
quand même cet acte législatif n'aurait pas reçu la double
ratification dont nous allons parler.

(1) Considérants des arrêts de la Cour de Cassation et du jugement
du Tribunal du Hâvre de 1896. *Bulletin municipal* de 1896 (octobre),
page 384 col. 2.

(2) Le droit d'attache dans le port de Rouen, différait essentiellement,
par sa nature des autres taxes communales. Dans tous les cas il ne
figurait pas expressément parmi les perceptions prévues en l'an VII,
comme l'a établi le Conseil d'État par son arrêté au contentieux du
20 mars 1891 *(Arrêts de Rouen 91-68)*.

# (SECTION V) RATIFICATION COMME IMPOT INDIRECT SUR LA NAVIGATION

## Mais le Supérieur peut confirmer son Inférieur

Quoi qu'on puisse dire, les vraies traditions des États généraux de 1789, étaient réellement et sérieusement reprises en 1816.

A l'avenir, sauf sous le coup momentané de la dictature de décembre 1851, aucun impôt, même local, ne pourra être établi, s'il n'est voté par les représentants de la Nation, et ce, sous peine de concussion et de répétition personnelle (1). Toutefois il fallait régulariser le passé. Sous l'Empire d'abord, puis pendant les Cent-Jours et à la suite de la seconde rentrée des Bourbons, il avait été rendu un certain nombre de décrets, ordonnances, règlements, que les chambres de 1816 ne pouvaient songer à examiner en détail. Elles les confirmèrent et ratifièrent en bloc, par l'article 231 de la loi du 28 avril 1816, sur les contributions indirectes. Cet article est ainsi conçu : « Les dispositions des lois, décrets, règlements auxquels « il n'est pas dérogé par la présente, et qui autorisent et « régissent actuellement la perception des droits sur la « navigation, les bacs, les bateaux, les péages de ponts et « d'écluses.... sont et demeurent maintenus. »

## C'est ce qui a été fait

Le sens de cet article n'est pas douteux : il est placé au titre VII de la loi qui est intitulé **Dispositions générales**.

(1) Lois de finances du 25 mars 1817, art. 135, et du 15 mai 1818, art. 94.

Comme cette loi de 1816, par d'autres titres, règle les impôts indirects des Communes aussi bien que ceux de l'État, il n'est pas douteux que tout ne soit maintenu (1). Le droit d'attache, s'il n'est une redevance payée pour l'usage des quais, propriété communale, est un droit sur la navigation, sur les bateaux. Dans les deux cas, il est dû.

Et de quoi se plaindraient les propriétaires des bateaux? Ils payent à celui qui leur fournit la sécurité du bord et de l'amarrage, la commodité de l'embarquement et du débarquement des personnes et des marchandises. Sans doute, pendant longtemps, c'étaient les marchandises qui payaient, et non les bateaux. Mais il y a longtemps que la petite perturbation causée par cette variation a cessé. Autrefois le destinataire ajoutait les droits de *pontage* au fret payé; à partir de la modification, l'armateur aura calculé son fret de manière qu'il comprenne même le droit d'attache de dix centimes par tonneau, droit bien insignifiant comparé au total de ceux qu'on paye à l'État ou à la Chambre de Commerce (2).

Des trois participants à la Recette, le seul contesté a été la Ville de Rouen, et c'était elle qui serait la plus digne de recevoir la meilleure part, si elle est véritablement propriétaire de ses quais.

---

(1) Voir *Recueil périodique de Dalloz*, 1896-1-150 (1ʳᵉ branche). La Cour de cassation ne *statuait* que sur une question de prescription ; mais son considérant sur la *rubrique* a véritablement la portée que nous lui attribuons.

(2) D'après les renseignements qui sont fournis à l'auteur, un navire pouvait payer dans le port de Rouen, pour total de droits de quai, jusqu'à 1 fr. 46 c., par tonne, dont 0 fr. 10 c., seulement pour le droit d'attache, c'est-à-dire **un quinzième**.

# RATIFICATION, COMME DROITS UTILES DE LA PROPRIÉTÉ DES QUAIS

## Les idéologues de 1793 ont-ils pris les quais de Rouen ?

Il n'est pas sérieux de prétendre, nous l'avons prouvé précédemment, que la loi de 1790 ait fait perdre à la Ville de Rouen, la propriété de ses quais. Aucun des documents qu'on a cités à l'appui de cette opinion, ne s'y rapporte, ni de près, ni de loin. Ce n'est pas M. Bosviel ou M. Devin, le Tribunal ou la Cour de Rouen, la Cour de Cassation ou le Conseil d'État, la Préfecture ou l'Administration des Domaines, ce n'est aucune de ces autorités qui a objecté à la Ville, la loi de 1790, et cela pour deux excellentes raisons.

Les Représentants actuels de la municipalité (1884-1896), n'avaient jamais songé que la Ville de Rouen pût être propriétaire de ses quais.

Ces autorités auraient pu chercher d'autres objections plus sérieuses ; aucune de ces autorités, particulièrement l'Administration des Domaines, n'aurait songé à celle-là.

Mais s'il n'a été porté aucune atteinte, en 1790, aux droits de propriété, acquis à la Ville sur ses quais, en a-t-il été de même en 1793 ?

Poussant, jusqu'aux dernières limites de l'impraticable, les utopies idéologiques de Jean-Jacques Rousseau, la Convention s'était figuré qu'il était possible de supprimer, dans l'État, toutes les associations particulières autres que l'État. Toutes dépenses d'intérêt général devaient être faites par la Nation ; toutes recettes correspondantes devaient être effectuées par elle ; tous biens destinés à y subvenir, centralisés entre ses mains.

Il est certain que le droit de pontage passa à l'État, en vertu de cette étrange loi (1) ; il paraît très vraisemblable que l'idée de la Convention était aussi de ne plus reconnaître de droits de propriété, aux communautés d'habitants, sur leurs rues, sur leurs places et dans certaines localités, comme à Rouen, sur leurs quais compris dans le Domaine public communal. Mais. fort heureusement cette funeste législation se désagrégea peu à peu.

## 1816 annula 1793

Les communaux sauvèrent les communes. La Convention les avait affranchis de la mainmise de l'État, et en avait décrété le partage. Il résulta de l'exercice de ce droit au partage de tels abus, qu'une nouvelle loi promulguée trois ans après (2), abrogea explicitement pour certaines dispositions, implicitement pour d'autres, les principes de 1793 et leurs corollaires.

Mais la restitution ne fut pas franche et nette pendant le cours du Premier Empire. Tantôt Napoléon autorisait les communes à disposer de leurs biens productifs ou improductifs (3), et à en appliquer le prix à leur profit.

Tantôt, sous l'influence de besoins financiers, il rappelait avec quelque brutalité, les principes de nationalisation

(1) Loi du 24 août 1793, art. 82 à 92.

(2) Loi du 2 prairial, an V.

(3) Voir notamment dans les *Archives parlementaires*, 2ᵉ série, tome IV et suivants, les aliénations ou échanges autorisés, et notamment pour Rouen, l'échange de l'ancien Palais de la Présidence contre l'abbaye de Saint-Ouen, tome IV, p. 84, 334, 358.

proclamés en 1793 (1), et remettait à la Caisse d'amortissement, le soin d'administrer et de vendre les propriétés communales, susceptibles d'être aliénées (2).

Déjà, avant cette époque de 1813, la Ville de Rouen est redevenue incontestablement propriétaire du sol de ses quais, puisqu'on ne peut songer raisonnablement à les vendre ; mais son droit au remplacement des taxes de pontage et autres, est encore sous une sorte de séquestre.

C'est la loi de finances du 28 avril 1816, qui fera cesser définitivement cet état de choses et qui ratifiera ainsi la restitution anticipée des droits utiles.

« Art. 15... les biens des communes non encore vendus « seront remis à leur disposition comme ils l'étaient avant « les dites lois (3) ».

---

## Il y a quais et quais

Il ne faut pas forcer le raisonnement de l'auteur, pour le démolir par l'absurde. Depuis 1816, une grande extension a été donnée à la surface des quais de Rouen. On a gagné du côté de la terre, et on a gagné du côté de la Seine. Une partie des expropriations, au moins les dernières, ont été effectuées au nom et aux frais de l'État. Ces faits donnent lieu à la distinction suivante :

Il ne serait pas sérieux de soutenir que la Ville est propriétaire des parties qui ont été achetées par l'État.

Mais il n'est pas plus sérieux d'affirmer que l'État

(1) Préambule du Décret du 9 avril 1811.

(2) Loi du 20 mars 1813.

(3) Sur toute cette question de nationalisation et de restitution des biens des communes, voir le *Répertoire du droit administratif* de Béquet, au mot *Commune*, nᵒˢ 2.175 et suivants,

puisse revendiquer contre la Ville, la propriété de ce qui était communal en 1789.

Beaucoup plus délicate est la question des accroissements du côté du fleuve, des dernières emprises sur son lit.

Dans l'intérêt de l'État, on peut faire valoir que ces gains ont été faits sur le Domaine public national, et que la plus grande partie des dépenses a été couverte par les fonds de l'État et non par les deniers de la commune.

Dans l'intérêt de la Ville, on soutiendrait que la charte de Louis VIII, avait précisément assuré à la Ville, la propriété des terrains gagnés sur le fleuve ; la charte, étant antérieure à 1566, lui confère des droits irrévocables. Il est souverainement injuste que l'État prenne au bord du fleuve la bonne place qui peut seule donner des profits, et laisse à la Ville le milieu du quai, qui impose seulement des charges. Si l'État a dépensé plus que la Ville, il s'est fait la part du lion dans les perceptions : d'ailleurs il a fait ses dépenses dans l'intérêt général, surtout pour rendre plus sûr et plus économique, le transport des marchandises vers Paris. Il conserve toujours la haute police des bords du fleuve, comme de tout le quai ; il n'est pas propriétaire de ce sol du bord accru.

Il serait fort piquant d'entendre, à la fin du XIXᵉ siècle, des avocats discuter le latin quelque peu barbare de la charte de Louis VIII. Mais ce procès n'est ni vraisemblable, ni utile. La propriété des quais, *tels qu'ils étaient en 1789*, dûment justifiée dans son établissement et dans sa restitution, suffit pour prouver péremptoirement, deux des principales causes de la concession perpétuelle du droit d'attache, et de sa légitimité incontestable.

### Réflexion finale

Tels sont les divers arguments que la Ville de Rouen devait faire valoir, pour obtenir dès 1884, soit du Parlement, soit des Tribunaux, le maintien des droits qu'on lui contestait, le maintien de ces droits tels qu'ils avaient été concédés.

Non seulement ses administrateurs n'ont pas su les trouver, mais, quand un autre les trouve, ils refusent de croire à leur réalité.

C'est de cet aveuglement que l'auteur a cherché à guérir la municipalité actuelle de Rouen.

Ses arguments peuvent être aisément vérifiés. Ils se trouvent presque tous dans des documents imprimés. Le point de départ est l'acquisition par la Ville des terrains des quais, dont il eût été facile de multiplier les preuves. (*Inventaire des délibérations*, ann. 1694, 1702, 1765, etc.)

Mais à quoi bon? Il ne s'agit pas de revendiquer la propriété des quais contre le Domaine; il s'agit de prouver, dans un procès particulier, que cette propriété (de 1789), est un élément essentiel de la concession perpétuelle (de 1815).

L'auteur fait-il valoir des moyens suffisants? Lui fait-on des objections sérieuses sur la raison de propriété, des objections quelconques sur les autres causes de la perpétuité?

La conséquence s'impose : inutile de discuter des questions très subsidiaires, quand la prétention principale s'annonce aussi vraisemblable.

En somme, l'intérêt est énorme, les raisons sont puissantes, les objections sont nulles.

Donc, on doit laisser l'auteur suivre à sa guise, comme à ses risques, un procès pour le bien public.